AF138981

Avantgardistische Strömungen in der Musik

von

Nicole Lang

Bibliografische Informationen der Deutschen Nationalbibliothek:
Die Deutsche Nationalbibliothek verzeichnet diese Publikation in der Deutschen Nationalbibliografie; detaillierte bibliografische Daten sind im Internet über http://dnb.dnb.de abrufbar.

Herstellung und Verlag:
BoD – Books on Demand, Norderstedt

ISBN: 978-3-7347-4621-5

Diese Hausarbeit wurde im Rahmen des Hauptseminars „Europäische Avantgarden. Theoretische Positionen und kulturelle Kontexte" im Wintersemester 2013/14 bei Prof. Dr. Dirk Kretzschmar am Department Germanistik und Komparatistik der Friedrich-Alexander-Universität Erlangen-Nürnberg angefertigt.
Ich danke Herrn Prof. Dr. Kretzschmar herzlich für seine Unterstützung.

Inhaltsverzeichnis

Avantgardistische Strömungen in der Musik

In der Kunst, Literatur und Musik des 20. Jahrhunderts sind die verschiedensten Tendenzen festzustellen, die später unter dem Begriff ‚Avantgarde' subsummiert wurden. Diese Tendenzen bereits wurden bereits im 19. Jahrhundert vorbereitet. Obwohl in Kunst, Literatur und Musik eine ähnliche Ausgangslage herrscht, verlaufen die einzelnen Entwicklungen dennoch mitunter recht unterschiedlich. Dass diese Unterschiede in der germanistischen Komparatistik von Interesse sind, wird allein schon dadurch deutlich, dass Autoren wie Thomas Mann in seinem *Doktor Faustus* die Nähe von Literatur und Musik nutzen, um das Thema der Krise in der Kunst der Moderne zu schildern.[1]

Daher soll im Folgenden die Entwicklung der avantgardistischen Strömungen in der Musik von der Romantik über den Impressionismus, bis hin zum Expressionismus und Futurismus aufgezeigt werden, wobei auf die jeweiligen Herangehensweisen von ein bis zwei Komponisten aus dieser Periode eingegangen wird. Zwar können die ersten beiden Strömungen nicht mit dem Begriff ‚Avantgarde' bezeichnet werden, aber in ihnen haben sich Entwicklungen vollzogen, die für die Entstehung einer Musik verantwortlich waren, die durchaus Anspruch darauf haben, zur Avantgarde gezählt zu werden. Der Fokus wird hierbei vor allem auf die europäische Musik gelegt, weshalb elektronische Musik und deren Vorläufer unberücksichtigt bleiben und auch auf Genres wie Rock, Pop und Jazz nicht eingegangen wird, wenngleich sie auch Einflüsse auf die klassische Musik hatten.

Bevor jedoch die musikalischen Entwicklungen beschrieben werden, wird zunächst ein kurzer Überblick über Sicht- und Verfahrensweisen gegeben, die

---

[1]Vgl. Berg, Hubert van den / Walter Fähnders: Die künstlerische Avantgarde im 20. Jahrhundert, S. 1.

ganz allgemein den Tendenzen gemein ist, die später als ‚Avantgarde' bezeichnet wurden.

1. Avantgarde und Musik

Der Begriff ‚Avantgarde' stammt ursprünglich aus der französischen Militärsprache und meint mit ‚Vorhut' denjenigen Teil, der zuerst die Lage auskundschaftet, Hindernisse beseitigt und mit dem Feind in Berührung kommt.[2] Bei seiner späteren Anwendung auf künstlerische und politische Strömungen, vor allem des 20. Jahrhunderts, entsteht daher ein ähnliches Bedeutungsspektrum, vor allem jenes des ‚Sehers und Führers der Gesellschaft'.[3] Die Avantgarde beansprucht daher eine radikale Neuerung der künstlerischen Formen, ja eine völlig neue Auffassung von ‚Kunst'. Damit versucht sie eine „neuartige Positionierung der Kunst in der Gesellschaft durchzusetzen."[4] Allerdings kann ‚Die Avantgarde' keinesfalls als einheitliche Strömung betrachtet werden, sondern besteht vielmehr aus einem „Geflecht von Gruppierungen, Bewegungen, Ismen, Strömungen [und] Tendenzen"[5], dessen Kunstströmungen sich selbst nie als ‚avantgardistisch' bezeichnet haben. Erst im späteren 20. Jahrhundert werden sie durch die Geschichtsschreibung rückwirkend als solche bezeichnet, wohingegen ab dieser Zeit Künstler und Künstlergruppen ausdrücklich unter der Bezeichnung ‚Avantgarde' auftraten.

So problematisch dieser Begriff und so heterogen die Gruppen auch sein mögen, lassen sich an diesem Begriff doch Tendenzen und Züge festmachen,

---

[2] Vgl. Berg, Hubert van den / Walter Fähnders: Die künstlerische Avantgarde im 20. Jahrhundert, S. 4.
[3] Ebd., S. 5.
[4] Ebd., S. 1.
[5] Ebd.

die den Gruppen im Wesentlichen gemein sind. Dazu gehört sicherlich der Wunsch, „sich zu etablieren, sich zu definieren und in der Öffentlichkeit [...] zu positionieren."[6] Der Weg dorthin besteht meist aus Proklamationen, in denen die Bedeutung, die Forderungen und oft auch gleich die künstlerische Umsetzung derselben erklärt werden, wodurch die entscheidende Abgrenzung gegenüber dem Alten und eine gewisse Selbstinszenierung erreicht werden kann. Zwar kamen die frühen Avantgarde-Bewegungen wie der Kubismus noch ohne ausführliches Programm aus, doch begann bereits im Februar 1909 Filippo Tommaso Marinetti mit seinem Werk *Le futurisme*, das auf der Titelseite der Pariser Tageszeitung *Le Figaro* erschien und die Geburt des italienischen Futurismus markierte, die ‚Ära' der von nun an obligatorischen Eröffnungs-Manifeste der Avantgarde einzuläuten.[7]

Ein weiteres zentrales Anliegen der Avantgardisten ist die ‚Überführung der Kunst ins Leben', was beispielsweise durch die ‚Aktionskunst' verwirklicht wurde, was eine radikale Veränderung des Kunstbegriffs bedeutete, da damit die traditionellen Rollen und Funktionen von Künstler und Publikum aufgehoben wurden.[8] Das Publikum soll nun nicht einfach Kunst rezipieren, sondern „Subjekt eines schöpferischen Prozesses werden"[9]. Damit einher geht die Vorstellung, durch Kunst die Zukunft in die Gegenwart zu holen. Dafür ist vor allem das Fragment geeignet, das der Avantgarde einen ‚Projektcharakter' verleiht.[10] Dennoch muss betont werden, dass die Auflösung der Kunstautonomie keinesfalls von allen Avantgardisten gefordert wurde und deshalb nicht

---

[6] Ebd.
[7] Vgl. ebd., S. 2.
[8] Vgl. ebd., S. 14.
[9] Ebd., S. 15.
[10] Vgl. ebd., S. 14.

als absolutes Merkmal betrachtet werden darf. Ähnlich verhält es sich auch mit dem ‚Gruppen- oder Bewegungscharakter' der Avantgardisten und mit dem ‚Angriff auf die Kunst als Institution'.[11] Den Manifesten ist zwar unschwer zu entnehmen, dass sie zur Vernichtung der Museen und Akademien aufforderten, und das meist als Gruppe. Dennoch arbeiteten sie mit verschiedenen Kunsthäusern zusammen.[12]

Eine weitere auffällige Tendenz der Avantgarde ist die Vermischung der einzelnen Kunstsparten. So vereinen sich Literatur, bildende Kunst, Musik, Tanz, Theater und Architektur zu einem Gesamtkunstwerk, dessen Vorbild sicher bei Richard Wagner zu suchen ist. Ebenso ist die Transgression zwischen den sogenannten Hoch- und niederen Kulturen markant, was beispielsweise die Aufwertung des Kunsthandwerks in der Avantgarde des frühen 20. Jahrhunderts zeigte.[13]

Somit wurde bis hierhin deutlich, dass der Begriff ‚Avantgarde' mehr meint, als lediglich etwas ‚Neues' oder ‚Extravagantes' und dass der Begriff und etwaige Tendenzen nicht unhinterfragt gehandhabt werden dürfen. Vor allem darf nicht angenommen werden, dass Tendenzen in einigen avantgardistischen Strömungen automatisch auf alle Avantgardisten übertragen werden könnten. In der Musik ist das nicht anders. Mayer macht deutlich, dass den avantgardistischen Strömungen in der Musik das fehlt, was sie in Militär und Politik ausmacht: „Organisiertheit, Disziplin, Orientierung darauf, Massen (Soldaten, Mitglieder, nichtorganisierte Angehörige der Klasse, das Volk) zu siegreichen

---

[11] Vgl. ebd., S. 15.
[12] Vgl. ebd., S. 16.
[13] Vgl. ebd., S. 17.

Aktionen zu führen."[14] Weiter führt er über die anderen Künste in den Strömungen von Kubismus, Dadaismus, russischem Futurismus, Surrealismus und Konstruktivismus Tendenzen des Aufbruchs und der Revolte, sowie eine radikale Kritik und Infragestellung der bürgerlichen Kultur- und Kunstverhältnisse aus und benennt dabei verschiedene Kennzeichen: den „Angriff auf die Autonomie-Ästhetik", die „Funktionssetzung, Kunst mit dem Leben zu verbinden", den „forcierten Bezug auf Technik, den Versuch, sozialen Inhalt sowie neue Gestaltungscharaktere aus diesem Technikbezug zu gewinnen, allgemein: durch einen hohen Innovationsgrad im Bereich der künstlichen Mittel", „einen hohen Grad an Organisiertheit, Gruppenbildung und Internationalisierung" und eine „sozial progressive Orientierung auf die Interessen und Bedürfnisse der Massen."[15] In der neuen Musik, so erklärt er weiter, lassen sich diese Avantgarde-Erscheinungen nicht ausmachen. Blumröder stellt fest, dass der Begriff der ‚Avantgarde' in der Musik jenen allgemeinen Tendenzen zugeteilt wird, die „ohne Rückbindung an die Gesellschaft als zukunftweisend und fortschrittlich erachtet wurden"[16].

Grundsätzlich wird der Begriff ‚Avantgarde' in der Musik auf vier Bereich angewandt: einmal sind damit die Musiker und Komponisten gemeint, die der Zeit angehörten, in der auch in den andere Künsten die historischen Avantgarden verortet werden, so zum Beispiel der Futurismus. Man spricht auch dann von ‚musikalischer Avantgarde', wenn bestimmte Verfahren und Techniken gebraucht werden. Ein dritter Bereich meint die Kompositionen in den 50er und 60er Jahren des 20. Jahrhunderts, hier wird auch von der ‚Neo-Avantgarde' gesprochen, und schließlich werden damit jene Akteure benannt,

---

[14] Mayer, Günter: Politische und musikalische Avantgarde, S. 33f.
[15] Ebd., S. 34.
[16] Blumröder, Christoph von: Musikalische Avantgarde heute?, S.48.

die sich selbst in einer Vorrangstellung in der jeweiligen Strömung erleben, bzw. die, die gegen Tradition, dem klassischen Kanon und dem Kommerz Position beziehen.[17]

Ferruccio Busoni fasste in seinem *Entwurf einer neuen Ästhetik der Tonkunst* von 1907 die musikalischen Forderungen zusammen: die Kritik an der Unterscheidung von Konsonanz und Dissonanz, den Ausbau der Mikrointervalle und die Möglichkeiten der elektronischen Klangerzeugung. Desweiteren waren synästhetische Entgrenzungen, das Komponieren mit Geräuschen, die Aleatorik, also ‚Zufallskompositionen', die Integration von außereuropäischer Musik wie dem Jazz und die Suche nach Notationsalternativen an der Tagesordnung. Allerdings waren zahlreiche Verfasser von ähnlichen programmatischen Texten keine ausgebildeten Musiker und Komponisten, weshalb sie ihre Pläne wegen „technischer Unzulänglichkeiten"[18] häufig nicht umsetzten konnten. Oft sind Ausstellungen der bildenden Kunst oder literarische Vorträge ‚musikalisch' untermalt worden, wobei es hier vor allem auf die Klangeffekte ankam. Bei diesen Gelegenheiten wurde jedoch insbesondere Wert auf Improvisation gelegt, bzw. wurden Instrumente, Tonaufnahmen und Alltagsgegenstände lediglich ungewöhnlich gebraucht, sodass hier nur schwer von ‚avantgardistischer Musik' gesprochen werden kann. [19]

Anders als die avantgardistische Literatur, Malerei oder Architektur, die nach einem anfänglichen Schock dann doch Eingang in den allgemeinen Kunstgeschmack gefunden haben, „ist Avantgardemusik in weiten Teilen weiterhin

---

[17] Vgl. Kursell, Julia: Musik, S.215.
[18] Ebd.
[19] Vgl. ebd. S. 115ff.

Avantgardemusik"[20]. Sie hat es nie geschafft, über eine kleine Elite hinaus einer breiten Masse zugänglich zu sein, denn das breite Publikum hatte weder diese Musik wirklich gekannt noch sich dafür interessiert. Wenig moderne Aufführungen, deren Publikum aus Spezialisten bestand, waren die Folge.[21]

Somit kann gesagt werden, dass die allgemeinen Avantgarde-Merkmale, auch wenn sie nicht für alle Avantgarden gelten, in der Musik nicht anzutreffen sind. Dennoch bleibt die Frage, in welchem Ausmaß einige dieser Tendenzen als ‚zukunftsweisend und fortschrittlich' für die Musik gesehen werden konnten. Schließlich waren die Komponisten, ähnlich wie die anderen Künstler, von der jeweiligen Zeit geprägt und mussten auf Erwartungen – von anderen Künstlern und an sich selbst – reagieren. Deshalb soll im Folgenden auf die ‚zukunftsweisenden und fortschrittlichen' Tendenzen innerhalb der verschiedenen musikalischen Epochen und Strömungen eingegangen werden. Dabei ist von besonderem Interesse was daran avantgardistisch ist, bzw. inwiefern und wie daraus eine avantgardistische Strömung entstanden ist.

Zwar kann die Romantik nicht als Teil einer Avantgarde bezeichnet werden, dennoch haben sich in ihr Verfahren entwickelt, die später von maßgeblicher Bedeutung für die Avantgarde waren. Wie bereits erwähnt ist in diesem Zusammenhang vor allem Richard Wagner von Interesse, da er später die Avantgarde, und nicht nur die musikalische, mit seinen Ideen beeinflusst hat.

---

[20]Gay, Peter: Die Moderne, S. 260f.
[21] Vgl. ebd.

2. Avantgardistische Entwicklungen in der Musik

2.1. Die Romantik

Im Vergleich zum 20. Jahrhundert, war der Widerstand gegen innovative Formen im 19. Jahrhundert weitaus schwächer. Das Musikleben war „reich an Kontroversen zwischen einem störrischen Publikum und streitlustigen Musikkritkern"[22]. So wurde die klassische Harmonik weiterentwickelt und durch eine Häufung der Chromatik, der Alterationen und der Enharmonik Spannungen erzeugt, die die Harmonik an die Grenzen der Atonalität führten. Das gesteigerte Ausdrucksbedürfnis wurde durch die Neigung zu „unbestimmten, verschleierten Klängen durch häufige Vorhaltsbildung"[23] gestillt. Dissonante Spannungen wurden oft ohne Lösung in neue Spannungsklänge überführt, wodurch auch die Melodik stark beeinflusst wurde. Angestrebt wurde dabei die ‚unendliche Melodie', die „imstande ist, feinste seelische Regungen nachzuzeichnen"[24]. Auch Dynamik und Rhythmik wurden verfeinert und durch Erweiterungen, wie „Triolen gegen Duolen, Punktierungen als Idée fixe [und] Synkopen"[25], die Verschleierung von rhythmischen Schwerpunkten bewirkt. Vor allem durch die technische Weiterentwicklung der Blasinstrumente, indem neue Klappen und Ventile eine bessere Spielbarkeit, einen größeren Tonumfang und eine volle Chromatik ermöglicht haben, konnten neue Farben und Farbmischungen erreicht werden, was tonmalerische Effekte begünstigt hat.[26]

---

[22] Gay, Peter: Die Moderne, S. 261.
[23] Kolneder, Walter: Geschichte der Musik, S. 50.
[24] Ebd,
[25] Michels, Ulrich: dtv-Atlas Musik, S. 405.
[26] Kolneder, Walter: Geschichte der Musik, S. 50.

Viele Komponisten haben diese Epoche entscheidend geprägt, doch ist Richard Wagner sicher der Komponist, der die späteren Avantgarde-Bewegungen in besonderem Maße beeinflusst hat. Um 1850 entwickelte er seine neue Theorie von der Oper als Musikdrama, vom Gesamtkunstwerk und von der Leitmotivtechnik, was 1851 in der Schrift *Oper und Drama* erschien. Im *Rheingold*, mit dem er 1853 den *Ring der Nibelungen* begann, wurden diese Forderungen erstmals realisiert.[27]

Nicht selten wird er als die „umfassendste Persönlichkeit der Musikgeschichte"[28] bezeichnet, da er als Komponist, Dichter (er schrieb die Libretti alle seiner Opern selbst), Kulturphilosoph, Schriftsteller, Opernreformator, bedeutender Dirigent und Organisator über mehrere Jahre hinweg wirkte.[29] Es verwundert daher nicht, dass er die Einheit der Künste zu einem Gesamtkunstwerk forderte, in dem Dichtung, Musik, Tanz, Architektur und Malerei gleichberechtigt zusammenwirken, ja auf neuartige Weise miteinander verwoben sind. Um die komplizierte Handlung zu ordnen, verwendete er Leitmotive, „ein Instrument, das er zwar nicht erfunden hatte, aber freigiebiger nutzte als jeder andere Komponist"[30]. ‚Leitmotive' sind „einprägsame musikalische Signale, mit denen Gegenständen und Vorstellungen, die miteinander in Verbindung stehen, Motive zugeordnet werden"[31]. Gleich dem Chor im antiken Drama übernimmt Wagners Orchester die Aufgabe, die psychologischen Hintergründe des Geschehens auf der Bühne zu beleuchten, zu kommentieren und ins Bewusstsein des Publikums zu bringen. Hinzu kommt, dass Leitmoti-

---

[27] Michels, Ulrich: dtv-Atlas Musik, S. 419.
[28] Kolneder, Walter: Geschichte der Musik, S. 56.
[29] Ebd.
[30] Gay, Peter: Die Moderne, S. 262.
[31] Michels, Ulrich: dtv-Atlas Musik, S. 419.

15

ve an ein früheres Geschehen oder an eine bestimmte Person erinnern und dadurch die Gegenwart um die Vergangenheit erweitern, was dem generellen Historismus der Romantik zugutekommt. Die Verknüpfung der Leitmotive führt zu einem ständigen Fluss der Musik, Kadenzabschlüsse und geschlossene Melodien werden vermieden, was zu häufigen Trugschlüssen und Spannungsakkorden führt. Diesen ‚unendlichen Strom instrumental-vokaler Polyphonie' meinte Wagner mit der ‚unendlichen Melodie'.[32] Dadurch ergibt sich nun eben keine herkömmliche Gesangsoper mehr, sondern ein Musikdrama, bei dem „dramatischer Sinn und musikalische Erscheinung"[33] verschmelzen.

Wagners Harmonik bedeutete eine extreme Weiterentwicklung und Sprengung des tonalen Systems. Neben den bereits erwähnten Vorhalten, der Chromatik und Enharmonik bewirkte er auch mit der ‚Wandelnden Tonalität' einen Wandel in der Komponierpraxis. Dadurch wurde der tonale Zusammenhang über eine längere Strecke hinweg nicht selten aufgehoben und lediglich die einzelnen Partikel erschienen in sich tonal, was aber nur eine Verkettung bedeutet.[34] Wegweisend für die spätere Harmonik war auch Wagners ‚Tristan-Akkord', der in einer a-Moll-Kadenz als Doppeldominante H-Dur mit tiefalterierter Quinte ‚f' im Bass und Vorhalt ‚gis¹' zur Septime ‚a¹' im Sopran erklingt (siehe Abbildung 1).[35]

Abbildung 1: Tristan-Akkord (blau), 1865

---

[32] Vgl. ebd.
[33] Ebd.
[34] Vgl. Ebd.
[35] Vgl. ebd., S. 404f.

In der Romantik ist also auf eine Art komponiert worden, die die Musik in Bezug auf Harmonik und Melodik an die Grenze der Tonalität geführt hat. Auch die Rhythmik und die Klangfarben wurden auf eine Art und Weise weiterentwickelt, die für die Nachwelt bestimmend war, insbesondere für die Avantgarden. Als nächstes soll auf eine weitere Epoche, bzw. musikalische Strömung hingewiesen werden, die für die spätere Entwicklung der Avantgarde wegweisend war.

2.2.   Der Impressionismus

Der Impressionismus, der seinen Namen dem Bild *Impression, soleil levant* von Claude Monet verdankt, hat wohl vor allem in der Malerei große Veränderungen bewirkt. So ist hier nun das Spiel von Licht und Schatten, von Farbnuancen und von Stimmungen und Atmosphären bedeutsam.[36] Dennoch hat diese veränderte Abbildung der Wirklichkeit auch in der Musik bedeutende Veränderungen bewirkt. Die Wiedergabe von seelischen Eindrücken hatte zarte Stimmungsbilder zur Folge, die vor allem in Bezug zur Natur gesehen wurden: was die Natur-eindrücke beim Menschen ausrichten und inwieweit er von der Natur beeinflusst wird. Seelische Bereiche wurden auf eine neue Art wahrgenommen und in der künstlerischen Darstellung wurde das Empfindungsleben neu ausgelebt.[37]

Um die neuen Wünsche musikalisch auch umsetzen zu können, bedurfte es einer Verfeinerung der Ausdrucksmittel und einer Erneuerung der Klangfarben. Im Orchester wurde das insbesondere durch die „Auswertung der Grenz-

---

[36] Vgl. Michels, Ulrich: dtv-Atlas Musik, S. 481.
[37] Vgl. Kolneder, Walter: Geschichte der Musik, S. 68.

bereiche der Instrumente"[38] erreicht, wobei hier die bereits beschriebenen Entwicklungen, vor allem bei den Blasinstrumenten, hilfreich waren. Damit die verschiedenen Instrumentengruppen die Vorgaben umsetzten konnten, musste zunächst eine verfeinerte Spieltechnik entwickelt werden, was bereits durch das Aufblühen des Virtuosentums in der Romantik gefördert wurde.[39]

Besonders auffällig an der impressionistischen Musik ist die eigenständige Tonsprache. Ausgangspunkt hierfür war Wagners Tristan-Akkord, da mit ihm der erste Bruch mit der funktionalen Harmonik entstand. Im Impressionismus standen nun anstelle von einer prägnanten Thematik Klänge und anstelle von traditionellen Formen Klangfolgen. Damit wurden geschlossene Melodien in einem festgelegten Schema oder Satz und ein stabiles tonales Zentrum gemieden. Stattdessen kamen fließende, wellenförmige und pendelnde Bewegungen zum Einsatz, die sich in ständiger Entwicklung befanden und somit kein direktes Ziel ansteuerten. Damit gewann die Klangfarbe des Orchesters an weitaus größerer Bedeutung als die Melodie der Singstimme, wobei generell die Passagen oft rezitativisch auf einem Ton gesungen wurden und damit der natürliche Klang der Sprache unmittelbar in den Blickpunkt rückte. Zwar hatte Wagner diese Entwicklungen zum Teil initiiert, dennoch haben sich die impressionistischen Komponisten von seinem Pathos und von seinem Gebrauch der Leitmotivtechnik abgekehrt, zumindest in ‚bühnendramatischer Musik'. Waren vorher noch die jeweiligen Funktionen der Harmonien entscheidend, so stand nun der Eigenwert von Klängen im Mittelpunkt. Das hatte zur Folge, dass die Auflösung von Dissonanzen vermieden wurde und Nebensept-akkorde als selbstständige Klänge gesetzt wurden. Überhaupt

---

[38] Ebd.
[39] Vgl. ebd.

wurde der Akkord nun in seiner Klangfarbe betrachtet und nicht in seiner harmonischen Funktion, wodurch sogar Akkordparallelen möglich waren. Da Dissonanzen nun als Farbwerte gesehen wurden, bestand kein Unterschied mehr zwischen Dissonanz und Konsonanz. Durch die Pariser Weltausstellung im Jahr 1889 konnte auch die Musik ‚primitiver' Völker, insbesondere die javanische Musik, an Einfluss in der europäischen Musik gewinnen.[40]

Sicher hat Claude Achille Debussy mit den größten Einfluss auf diese Entwicklungen gehabt. Bevor er in den 1890er Jahren seinen eigenen Stil fand, kämpfte er als Schüler „gegen das erstarrte Regelsystem des Pariser Conservatoire an, wo Wagners Neuerungen noch lange nicht akzeptiert waren"[41]. Zwar kannte und schätzte er Wagners Opernreform, sah darin aber nur eine Erweiterung der klassisch-romantischen Tradition.[42] Obwohl er die Dominanz Wagners als Bedrohung für die freie Entfaltung seiner künstlerischen Persönlichkeit empfand, fand er doch bei ihm Anregungen, wie beispielsweise Wagners ‚Klangflächenkomposition' zu Beginn des *Rheingold*. Zwar sollten diese Passagen eher der „Verdeutlichung melodischer Linien und thematischer Prozesse" dienen, doch erkannte Debussy hierin die „endgültige Emanzipation der Klangfarbe"[43]. So begann er das Schema der traditionellen Harmonien zu erweitern und mit der Tonalität auf eine Art und Weise zu experimentieren, die über akzeptierte Entwicklungen hinaus ging. Damit wurde er zu einem „großen Emanzipator des Klangs um seiner selbst willen"[44]. Da für ihn der größte Teil der in akademischen Kreisen geschätzten Musik uninteressant war,

---

[40] Vgl. ebd.
[41] Hirsbrunner, Theo: Debussy, Claude Achille, S. 148.
[42] Vgl. Hirsbrunner, Theo: Raum und Zeit, S. 4.
[43] Hirsbrunner, Theo: Debussy, Claude Achille, S. 148.
[44] Gay, Peter: Die Moderne, S. 264f.

beschäftigte er sich mit den Werken von Komponisten aus vergangenen Jahrhunderten, wie beispielsweise Orlando di Lasso oder Palestrina. Damit es möglich ist „die tausend Empfindungen einer lebenden Person einzufangen und sich den lyrischen Bewegungen der Seele, den Launen der Träumerei zu fügen"[45], mussten seiner Meinung nach die akademischen Vorschriften und Verbote dauerhaft aufgehoben werden. Er wünschte sich Harmonien, die „die Tonalität ertränken"[46] sollten. Nach einem Besuch in Bayreuth im Jahr 1889 erklärte er: „In meinen Augen beginnt die Musik dort, wo die Sprache endet. Musik soll Unaussprechliches vermitteln. Ich möchte, dass sie erscheint, als träte sie aus jenen dunklen Regionen hervor, in die sie sich zeitweilig zurückzieht. Ich möchte, dass sie stets diskret ist."[47] Auch hier zeigt sich das völlig andere Verständnis Debussys im Vergleich zu Wagner, denn tatsächlich vermied er die Pedanterie Wagners und ließ seine Themen aus dem Schweigen auftauchen und wieder dorthin verschwinden.[48] Gemäß Mallarmés Forderungen, Dinge nur anzudeuten, sie zu suggerieren, und nicht deutlich auszusprechen, verzichtete Debussy bei seinen Texten auf ein umständliches Pathos. Musikalisch wird das so umgesetzt, dass die Singstimme den Text lediglich deklamiert, ohne einprägsame Melodie. Auch die Begleitung ist von gewöhnlichen Begleitfiguren befreit und in mehreren Schichten angelegt. Durch die Pariser Weltausstellung von 1889 kam er zum ersten Mal mit der Musik von den Rändern Europas (Spanien und Russland) und dem Fernen Osten (Indone-

---

[45] Ebd.
[46] Ebd., S. 263.
[47] Ebd., S. 267.
[48] Vgl. Hirsbrunner, Theo: Raum und Zeit, S. 5.

sien, Indochina und Japan) in Berührung. Diese exotischen Elemente verwendete er auch in seinen Kompositionen.[49]

In Debussys neuer Art zu komponieren ist die „Zielstrebigkeit der Klangfolgen aufgegeben und der Unterschied zwischen Konsonanz und Dissonanz nivelliert"[50]. Zwar löst er sich noch nicht vollständig von Generalvorzeichen, aber das Konzept funktionaler Harmonie und traditioneller Tonartbezeichnungen wird aufgegeben. Da er Dissonanzen als Farbwerte versteht, verwendet er sie häufig. Damit zeigt er seine Vorliebe für chromatische und Ganztonskalen, sowie kirchentonale Wendungen.[51]

Mit der sinfonischen Dichtung *Prélude à l'après-midi d'un faune*, von 1892 fand Debussy seinen persönlichen Stil und erreichte damit gleichzeitig seinen Durchbruch. Sein radikalstes Hauptwerk ist aber die Oper *Pélleas et Mélisande*, die er 1902 schrieb, das Libretto stammt von Maeterlinck. *Pélleas et Mélisande* ist nicht ein Drama der Leidenschaft, wie Wagners *Tristan und Isolde*, sondern „ein Drama des Andeutens und Verschweigens"[52]. Auch sind die Orte der Handlung und die Vorgeschichte der Personen unbestimmt; das Stück könnte an jedem Ort und zu jeder Zeit spielen. Debussy vermeidet Arien, in denen der Dialog stillstehen würde. Die Sänger singen fast so schnell, wie ein Schauspieler sprechen würde. Auch das Orchester exponiert die Leitmotive nicht im Wagner-Stil, stattdessen tauchen sie unmerklich auf und verschwinden auf ebendiese Weise.[53]

---

[49] Vgl. Hirsbrunner, Theo: Debussy, Claude Achille, S. 148.
[50] Ebd., S. 149.
[51] Vgl. Michels, Ulrich: dtv-Atlas Musik, S. 481.
[52] Hirsbrunner, Theo: Raum und Zeit, S. 7.
[53] Vgl. ebd., S. 5.

Debussy hat sich zwar eher als Symbolist denn als Impressionist verstanden, eben wie seine literarischen Freunde Baudelaire, Verlaine und Mallarmé, aber von Rezensenten wurde er mit den impressionistischen Malern verglichen, denn sein Werk passte bestens zu der Welt, die Maler und Dichter erkundeten, nämlich das Innenleben des Menschen und dessen Darstellung.[54] Während Wagner, der letztlich an der traditionellen Tonalität festhielt, nicht zu den eigentlichen Gründern der modernen Musik gezählt werden kann, kann Claude Debussy sicher als Wegbereiter der ‚künstlerischen Selbstbefreiung der Musik' gelten. Er zeigte das Bedürfnis, die Regeln der akademischen Ausbildung zu überschreiten und teilweise auch abzuschaffen und den Wunsch nach einer „Befreiung des Klangs" [55]. Avantgardistische Tendenzen waren auch dahingehend sichtbar, dass er teilweise versuchte, von der Abbildung des Gegenständlichen wegzukommen und stattdessen äußere Eindrücke in einen inneren Ausdruck verwandelte, wenngleich dennoch der Bezug zu naturnahen Klängen gegeben war. Dass sich der Impressionismus nicht weiter ausbreitete lag sicher an einem ‚Theoriedefizit', doch sind seine Entwicklungen für den weiteren Verlauf der musikalischen Entwicklung von entscheidender Bedeutung, vor allem der Beginn der Emanzipation der Dissonanzen. [56] Im Weiteren soll nun auf eine Folge der bisher beschriebenen Entwicklungen eingegangen werden, was mitunter im Kontext von Avantgarde auch als ‚Die Avantgardistische Strömung' beschrieben wird.

---

[54] Vgl. Michels, Ulrich: dtv-Atlas Musik, S. 481.
[55] Zit. nach Gay, Peter: Die Moderne, S. 263ff.
[56] Vgl. Hirsbrunner, Theo: Debussy, Claude Achille, S. 152.

2.3. Der Expressionismus

Prinzipiell kann das musikalische Schaffen in der ersten Hälfte des 20. Jahrhunderts in zwei Hauptrichtungen eingeteilt werden: die eine Gruppe war bemüht, die Ideen der Romantik und des Impressionismus fortzuführen, die andere Gruppe stand in einer Auseinandersetzung mit der Romantik und strebte dabei einen neuen Stil an. Für die folgenden Ausführungen sind insbesondere die neuen Wege der letzteren Gruppe von Interesse. Standen seit der Klassik vor allem die Harmonien im Vordergrund, so wird nun die horizontal-polyphone Schreibweise entscheidend. Die vertikalen Harmonien und der harmonisch bedingte Kontrapunkt, wie ihn noch Wagner, Reger und Strauss gebrauchten, werden durch einen linearen Kontrapunkt abgelöst. Das hat zur Folge, dass anstelle der ‚schönen' Melodie, die ein breites Spektrum an Gefühlen ausdrücken konnte, nun eine kühle, unpersönliche und sachliche Linie tritt. Die funktionale Harmonik ist für die meisten dieser Komponisten nicht mehr entscheidend. Vielmehr wird die freie Tonalität genutzt, um atonale Werke zu schaffen. Lediglich auf Kirchentonarten und auf die Tonsysteme in der älteren Folklore wird noch als Bezugssystem zurückgegriffen. War der Rhythmus in der Romantik noch von der Melodie überlagert, wird er nun gleichwertiges, ja sogar dominierendes Element. Auch hier erfolgt eine Orientierung an den Rhythmen der Folklore. Das hat zur Folge, dass das Schlagwerk im Orchester vergrößert wird. Aus dem Barock werden wieder verstärkt polyphone Formen, wie die Fuge oder die Motette, übernommen und im Orchester wird verstärkt der romantisch weiche Klang durch das alte Prinzip des Gruppenkontrasts ersetzt. Diese Entwicklungen führten vor allem in

Deutschland zum Expressionismus, der sicher den größten Einfluss auf das weitere musikalische Schaffen ausübte.[57]

Wie der Bezeichnung ‚Expressionismus' zu entnehmen ist, ging es vor allem um den ‚Ausdruck des Inneren'. In der Umsetzung erfolgte dies meist durch die Überschreitung ästhetischer Grenzen. So wurden in der Musik ästhetische Normen verzerrt, indem auf jede Art Wohlklang verzichtet wurde. Dissonanzen wurden wie Konsonanzen behandelt, sodass sie keiner Auflösung mehr bedurften und es so zu einer ‚Emanzipation der Dissonanzen' kam. Wie wichtig Extreme für den Expressionismus sind, machte Schönberg 1925 mit dem Ausspruch deutlich: „der Mittelweg ist der einzige, der nicht nach Rom führt" [58]. So wurde vor allem mit extremen Tonlagen, extremen Lautstärkeunterschieden und dynamischen Gegensätzen gearbeitet und man wählte unkonventionelle Besetzungen.[59]

Bezogen sich diese Extreme noch auf die Verwendung des temperierten Tonsystems, so wurden zu dieser Zeit auch Forderungen nach Tonintervallen laut, die kleiner als die temperierten Halbtöne waren. Nur wenige traditionelle Instrumente verfügten über das bislang unerschlossene Potential von Mikrointervallen.[60] Im Gegensatz zu den strikt auf Temperierung fixierten Tasteninstrumenten, waren diese Intervalle generell auf allen Streichinstrumenten

---

[57] Vgl. Kolneder, Walter: Geschichte der Musik, S. 69ff.
[58] Zit. nach Michels, Ulrich: dtv-Atlas Musik, S. 491.
[59] Vgl. Skript von Bella-Kraus, Marcella: Musikgeschichte II.
[60] An dieser Stelle sei angemerkt, dass sich der Vorteil der temperierten Stimmung darin zeigt, dass sie sich der reinen Stimmung angleicht und deshalb für nur ein geringes Maß an Schwebung sorgt. Bemüht man sich jedoch, beispielsweise mit einem a cappella-Chor, sauber zu intonierten, im Idealfall reine Intervalle, erklingen schon recht früh Vierteltöne. Deshalb sind Mikrointervalle keine per se ‚moderne Erscheinung'. Vgl. Metzger, Heinz-Klaus et al.: Musik der anderen Tradition, S. 27ff.

möglich, die Blasinstrumente waren in unterschiedlichem Maße zwischen diesen Bereichen anzusiedeln. Zwar war die Notlösung zwei Klaviere nebeneinander zu stellen, von denen das eine einen Viertelton höher gestimmt war als das andere, durchaus praktikabel, doch schon für Drittellöne mussten neue Instrumente gebaut werden. Allerdings waren nur wenige Klavierbauer bereit, solche Instrumente zu bauen und noch weniger Pianisten waren bereit die komponierten Werke, zum Beispiel von Hába, zu spielen. Zu beachten war außerdem, dass die Instrumente vom Drittel- bis zum Sechzehnteltonklavier eine reduzierte Anzahl von Oktaven aufwiesen. Die Sechzehnteltonharfe beispielsweise, beschränkt sich auf einen Ambitus von lediglich einer Oktave mit 96 Sechzehnteltönen. Es verwundert also nicht, dass das Komponieren mit Mikrointervallen zur Weiterentwicklung der Musik dieser Epoche nur wenig beitragen konnte.[61] Aus diesem Grund soll im Folgenden auch nicht näher darauf eingegangen werden.

Als bedeutendster Vertreter des Expressionismus muss sicher Arnold Schönberg genannt werden und die von ihm gegründete ,2. Wiener Schule' mit seinen Schülern Anton Webern und Alban Berg. Theodor W. Adorno hat Schönberg als den Komponisten beschrieben, der die richtigen Konsequenzen aus den Vorgaben der Musik seiner Zeit gezogen hat. Die Proble-me, die aus diesen Vorgaben resultierten, hatte er in „aller Ehrlichkeit" auskomponiert, statt sie lediglich zu überdecken. Außerdem war er seines expressionistischen Ausdrucks bis zum Ende verbunden geblieben.[62] Schönberg schöpfte bei seinem Kompositionsstil aus dem Vergleich zwischen der frühen Musik und den ,üblichen Klassikern', aus der Unzufriedenheit mit etablierten Regeln und

---

[61] Vgl. Zeller, Hans Rudolf: Komposition und Instrumentation, S. 22ff.
[62] Vgl. Baumeister, Thomas: Die Philosophie der Künste, S. 354ff.

dem Drang, diese Regeln zu missachten und vollkommen neue Regeln aufzustellen.[63] Seine Kunst richtete sich damit gegen „eine bürgerl[iche] Gesellschaft mit ihrer saturierten Oberflächlichkeit und doppelten Moral, gegen Anpassung und gefälligen Schein, für herausfordernde Wahrheit, wache Sensibilität, unbequeme Konsequenzen"[64]. 1949 erklärte er, dass er sich seit vielen Jahren damit abgefunden hat, dass er mit einer Anerkennung seines musikalischen Schaffens zu seinen Lebzeiten nicht rechnen darf und diese Einschätzung hat sich weitgehend bestätigt. Zwar hat er die Musik des 20. Jahrhunderts stark beeinflusst, doch ist sein Werk, auch in der Gegenwart, noch nicht selbstverständlich ins allgemeine Musikrepertoire vorgedrungen; es produziert immer noch extreme Reaktionen, wenngleich diese etwas abgeflaut sein mögen. Dass dem so ist, liegt sicher auch daran, dass weniger einzelne Werke bekannt sind, als vielmehr bestimmte kompositionstechnische Verfahrensweisen, die er entwickelt hat. Entsprechend den modernen Tendenzen zeigt sich hieran, dass ein ästhetisches Reden über Musik einem sachlichem Analysieren gewichen ist.[65]

Während Schönberg in seiner frühen, tonalen Schaffensperiode einige Stilmittel der Romanik übernahm, beispielsweise die ausdrucksstarke Chromatik und Sequenztechnik von Wagner, so beschrieb er 1909 sein Streben, das weg von der ‚motivischen Arbeit', weg von der Harmonie, weg vom ‚Pathos' generell, die vollständige Befreiung von allen Formen hin zu kürzerer Musik gehen sollte und fordert die ‚Emanzipation der Dissonanzen', die nicht als Gegner der Harmonie zu sehen waren, sondern vielmehr als Erweiterung.[66] Dissonanz

[63] Vgl. Gay, Peter: Die Moderne, S 274ff.
[64] Michels, Ulrich: dtv-Atlas Musik, S. 491.
[65] Vgl. Schubert, Giselher: Schönberg, Arnold, S. 548ff.
[66] Vgl. Gay, Peter: Die Moderne, S 274ff.

wurde dabei wie Konsonanz behandelt, sodass auf ein tonales Zentrum, auf die Befestigung einer Tonart und auf Modulation verzichtet werden konnte.

Zwar hatte das eine große Ausdrucksstärke und eine neue „farbige Harmonie"[67] zur Folge, doch ging dabei jegliche Struktur verloren: mit der Auflösung der funktionsharmonischen Tonalität und der Vermeidung von traditionellen Akkordtypen, wurde quasi die traditionelle Syntax aufgelöst.[68] Da Schönberg aber den Wunsch einer bewussten Beherrschung der neuen Mittel und Formen anstrebte, entwickelte er ein Verfahren, das er *Methode der Komposition mit zwölf nur aufeinander bezogenen Töne* nannte, was seine dritte und letzte Schaffensperiode, die der Dodekaphonie einläutete.[69] Über dieses Verfahren sagte er 1921: „Ich habe eine Entdeckung gemacht, durch welche die Vorherrschaft der deutschen Musik für die nächsten hundert Jahre gesichert ist."[70]

Das Hauptcharakteristikum lag vor allem in der Verwendung der zwölf Töne der chromatischen Skala. Dabei sollten die Töne in einer, von der chromatischen Skala verschiedenen, Reihe zu Beginn des Komponierens festgesetzt werden. Entscheidend war, dass dadurch kein Ton öfter vorkommt als ein anderer, wodurch kein tonales Zentrum etabliert wird. Obwohl die Grundreihe eine ähnliche Funktion wie eine Skala hat, sollte sie dennoch nicht als solche bezeichnet werden, da sich von ihr keine Kadenzen ableiten konnten. Was die Grundreihe also festlegte, waren insbesondere die Folgen von Intervallen, die, auch wenn man die Umkehr, den Krebs oder die Krebsumkehr der Grundreihe

---

[67] Abel, Angelika: Musikästhetik der klassischen Moderne, S. 108.
[68] Vgl. Schubert, Giselher: Schönberg, Arnold, S. 548ff.
[69] Vgl. Abel, Angelika: Musikästhetik der klassischen Moderne, S. 105ff.
[70] Zit. nach Gay, Peter: Die Moderne, S 283.

vornahm, immer gleich blieben. Somit funktionierte die Grundreihe in der Art eines Motivs, weswegen bei jedem Stück eine neue Grundreihe gefunden werden musste.[71]

Um atonales und zwölftöniges Komponieren zu rechtfertigen, erklärt er 1926:

> Die Ausschließung der konsonanten Akkorde kann ich nicht mit einem einzigen physikalischen Grund rechtfertigen, aber mit einem weit entscheidenderen künstlerischen. Es ist das nämlich eine Frage der Ökonomie. Nach meinem Formgefühl (und ich bin unbescheiden genug diesem bei meinem Komponieren das alleinige Verfügungsrecht einzuräumen) würde die Anführung auch nur eines tonalen Dreiklanges Konsequenzen nach sich ziehen und einen Raum in Anspruch nehmen, der innerhalb meiner Form nicht zur Verfügung steht. Ein tonaler Dreiklang erhebt Ansprüche auf das Folgende und, rückwirkende, auf alles Vorhergehend, und man wird nicht verlangen können, daß ich alles Vorhergehende umstoße, weil ein unversehens passierter Dreiklang in seine Rechte eingesetzt werden soll.[72]

Dass Schönberg die Zwölftontechnik nicht als Einschränkung empfand, geht aus einem zentralen Satz seines Vortrages *Komposition mit zwölf Tönen* hervor: „Man muß der Grundreihe folgen; aber trotzdem komponiert man so frei wie zuvor."[73] Zwar hat er sich dafür ausgesprochen, diese Reihe immer streng zu beachten, doch erklärte er, dass im späteren Teil des Werkes eine leichte Abweichung von der Reihe geduldet werden konnte, da sie an dieser Stelle dem Ohr schon vertraut gewesen wäre. Entsprechend den früheren Stilen konnte diese Abweichung als Variante interpretiert werden. Wenn er komponierte, versuchte er allerdings, alle Theorie dahinter zu vergessen. Dieses Komponieren war „nur in einem geringen Grade eine ‚verbietende', eine

---

[71] Vgl. Abel, Angelika: Musikästhetik der klassischen Moderne, S. 105ff.

[72] Zit. nach Hirsbrunner, Theo: Die Entstehung der Atonalität, S. 47. Hervorhebung in Quelle.

[73] Zit. nach Abel, Angelika: Musikästhetik der klassischen Moderne, S. 105.

ausschließende Methode"[74]. Sie sollte logische Ordnung sichern, wodurch eine leichtere Verständlichkeit resultieren konnte. Er legte besonderen Wert darauf, dass dieses Verfahren als ‚Methode' und nicht als ‚System' bezeichnet wurde, da die Methode die regelmäßige „Anwendung einer vorgegeben Formel"[75] bedeutet. Eine Methode konnte, musste aber nicht zwangsläufig eine der Folgen eines Systems sein.[76]

Abbildung 2 zeigt die Zwölftonreihe (Grundform ‚G'), die Anton Webern den *Variationen für Klavier op. 27* zugrundegelegt hat. Davon werden der Krebs (‚K'), die Umkehrung (‚U') und die Krebsumkehr (‚KU') abgeleitet. In der Umsetzung im Stück (siehe Abbildung 3) wurden die meisten Intervalle durch Oktavierung stark gespreizt, sodass eine differenzierte Melodik möglich ist, die vor allem durch die rhythmische Ausgestaltung lebt. Der Abschnitt A bis C zeigt die Grundreihe, wohingegen der Abschnitt A' bis C' die Umkehr der Grundreihe zeigt. In den folgenden Takten wurde der Krebsgang der Grundreihe gebraucht. An diesem Ausschnitt werden auch die bereits beschriebenen Extreme deutlich, die hier vor allem in den Lautstärkeunterschieden markant sind, da beinahe Taktweise zwischen *forte* und *piano* gewechselt wird. Eine eingehende Analyse des Stückes würde allerdings den Rahmen dieser Arbeit sprengen.[77]

Abbildung 2: Zwölftonreihe

---

[74] Zit. nach ebd., S. 119.
[75] Zit. nach ebd., S. 107.
[76] Vgl. ebd., S. 105ff.
[77] Vgl. Blumröder, Christoph von: „Kein Mensch, sondern die Natur…", S. 10ff.

Abbildung 3: Beginn von Weberns Variationen für Klavier op. 27

Deshalb soll stattdessen auf einen weiteren Komponisten eingegangen werden, nämlich auf den, den Gay, zusammen mit Schönberg, als den „größten
Vertreter der modernen Musik"[78] nennt: Igor Stravinsky.

Für Sergei Diaghilew, dessen russisches Ballett oft in Paris auftrat, schrieb
Stravinsky 1910 den *Feuervogel* und erlangte damit internationalen Erfolg. Im
Feuervogel hielt er noch an den für das Musikdrama charakteristischen Leit-
motiven fest. Nach *Pétrouchka*, dem zweiten für Diaghilew komponierten
Ballett, wurde 1913 sein drittes Ballett aufgeführt: *Le sacre du printemps*. Wie
die beiden Vorgänger wurde es ebenfalls in Paris uraufgeführt, erfuhr jedoch
eine völlig andere Publikumsreaktion. Das Publikum protestierte mit Buhru-
fen und Pfeifen und die Auffürung artete damit zu den „wohl wüstesten, be-
rühmtesten und am meisten kommentierten Skandal der neueren Musikgeschichte aus"[79]. Seine Musik zum *Sacre* bildete den Höhepunkt seiner frühen,
der sogenannten ‚russischen', Schaffensperiode. Tatsächlich war diese Musik
eine klangliche Neuheit, mit der einerseits auf Folklore basierende Elemente
und andererseits scharfe Dissonanzen und Chromatik verschmolzen. Vor
allem die Rhythmik wurde im *Sacre* neu formuliert: die kurzen, aus rationalen
und irrationalen Werten gebildeten rhythmischen Zellen entzogen sich jeder
starren Systematisierung. Damit wirkte die Musik nervenaufreibend und
statisch. Spätere Aufführungen, ob als Ballett oder konzertant, erzielten jedoch stets Begeisterung beim Publikum, sodass dieses Werk heute zum Kanon
der erfolgreichen Klassiker des 20. Jahrhunderts gehört.[80]

---

[78] Gay, Peter: Die Moderne, S 274.
[79] Schneider, Frank: Stravisky, Igor, S. 615.
[80] Vgl. Gay, Peter: Die Moderne, S. 286ff; Schneider, Frank: Stravisky, Igor, S. 614f.

Nach dem Ersten Weltkrieg wandte sich Stravinsky historischen Komponisten, wie Pergolesi, zu. Er übernahm jedoch nicht einfach diese Klangvorstellungen. Seine Werke blieben unkonventionell, da er aus der Geschichte die unterschiedlichsten Elemente entnahm und sie auf seine Art zu etwas neuem verstrickte. Nach dieser ‚Neoklassischen Schaffensperiode' setzte er sich mit Schönbergs Zwölftontechnik auseinander. Ihn faszinierte daran insbesondere die Ordnung des Klanges, sodass er diese Kompositionsweise bis zu seinen letzten Werken beibehielt, wenngleich er Schönbergs Reihenverfahren ohne dessen Chromatik anwandte.[81]

Im Expressionismus sind also bedeutende Neuerungen in der Musik geschehen. Die herkömmliche Art des Komponierens und Musizierens wurde völlig aufgelöst. Die Musik sollte nicht mehr nur Gegenständliches abbilden, sondern sollte ihre eigene ‚Wahrheit' schaffen. Daher sollte der Ton eine Eigenständigkeit bekommen, die er noch in keiner Epoche oder Strömung zuvor hatte. Konsonanz und Dissonanz wurden als gleichberechtigte Klänge erlebt. Gerade Schönberg und Stravinsky, aber auch andere Komponisten dieser Zeit, strebten ein Schock-Erleben an, um gegen die bürgerliche Gesellschaft aufzubegehren. Nahezu zeitgleich mit dem Expressionismus existierte jedoch noch eine andere musikalische Strömung, die ähnliche Ziele verfolgte.

---

[81] Vgl. ebd.; Kolneder, Walter: Geschichte der Musik, S. 74.

2.4. Der Futurismus

Filippo Tomaso Marinetti rief 1909 mit seinem Manifest *Fondazione e Manifesto del Futurismo* zunächst in Italien, dann in Paris und schließlich in fast ganz Europa den ‚Futurismus' aus. In diesem wird „der Krieg verherrlicht, der Feminismus verabscheut und die Zerstörung von Museen, Bibliotheken und Akademien proklamiert"[82]. Es wird eine generelle Abkehr von Tradition und Geschichte gefordert, bei einer Beschleunigung der Technisierung und sämtlicher Lebensbereiche. Der Futurismus ist die erste Avantgarde-Bewegung, die sich selbst als solche bezeichnet.[83]

Ist der Futurismus für die bildende Kunst und die Literatur des beginnenden 20. Jahrhunderts von großer Bedeutung, so kommt ihm in der Musik nur eine marginale Rolle zu. 1920 forderte Balilla Pratella in seinen *futuristischen Manifesten* begeistert, dass die Geräusche der Technik und Industrie in die Musik einbezogen werden sollten. Auch Luigi Russolo versuchte mit seiner *L'arte dei rumori* Geräuschmusik zu erzeugen. Am bekanntesten ist sicher Arthur Hon-eggers *Pacific 231*, das eine Eisenbahnfahrt in Form einer Tondichtung musikalisch umsetzt. Zunächst wird die Maschine im Stillstand dargestellt, dann das Anfahren und die Beschleunigung, bis die Maschine schließlich die volle Fahrt erreicht hat. Bewirkt wird dieser Effekt auf rhythmischer Ebene durch ein komponiertes Accelerando. Da Musik aber immer schon versucht hat, Höreindrücke musikalisch wiederzugeben, ist die Erweiterung um eine technische Komponente nichts Außergewöhnliches. Durch den Mangel an musikalischen Gestaltungsmöglichkeiten war die futuristische

---

[82] Schmidt-Burkhardt, Astrid: Futurismus, S. 119.
[83] Vgl. ebd., S. 118ff.

Strömung nicht sehr breit vertreten, darf aber in diesem Kontext keinesfalls unterschlagen werden.[84]

3. Zusammenfassung

Von einer Avantgarde, wie sie die bildende Kunst, die Literatur und die Architektur aufzuweisen hat, kann im musikalischen Kontext nicht die Rede sein. Die Musik war selten in organisierter Form drauf gerichtet, Massen zu erreichen und an einen wie auch immer gearteten Punkt zu führen. Das zeigt sich nicht zuletzt daran, dass die Musik von vor nun fast einhundert Jahren immer noch nicht außerhalb eines Expertenkreises etabliert ist. Stravinsky ist sicher einer der sehr wenigen Komponisten aus dieser Zeit, die es geschafft haben einen breiteren Rezipientenkreis zu erreichen. Tendenzen des Aufbruchs und der Revolte sind dennoch zu finden, vor allem bei Schönberg, der sich entschieden gegen das Bildungsbürgertum ausgesprochen hatte. Auch bei den 'Wegbereitern der Avantgarde' kann ein Aufbegehren gegen etablierte Werktitel, Stilmittel und Klangvorstellungen beobachtet werden. Aber dieses Aufbegehren kann nicht mit den Revolten von Strömungen anderer Künste, wie dem Futurismus, verglichen werden. Hier zeichnet sich ein deutlicher Unterschied zwischen der Musik und den anderen Künsten ab: Komponisten und Musiker haben nur wenig Manifeste verfasst, haben aber ihre Ideen kompositorisch verwirklicht. Viele Forderungen der Manifeste der anderen Künste wurden hingegen nicht umgesetzt, insbesondere im Futurismus.

Manche Ansprüche der anderen Künste, wie den geforderten Angriff auf die Autonomie-Ästhetik, haben die Komponisten im Grunde seit Wagner geleis-

---

[84] Vgl. Michels, Ulrich: dtv-Atlas Musik, S. 485, 498.

tet. Wagner hat mit seinem *Tristan-Akkord* für Entsetzten gesorgt und ebenso Debussy mit seiner funktionslosen Harmonik, zumindest in Bezug auf ein tonales Zentrum. Durch diese Wegbereiter, die hier stellvertretend für die anderen Musiker ihrer Zeit beschrieben wurden, war ein atonales Komponieren, wie Schönberg es beispielsweise praktiziert hat, erst möglich geworden, da durch sie die Harmonik an die Grenze der Tonalität geführt wurde.

Manche Forderungen der anderen Künste wurden von der Musik sicher nicht erfüllt, wie beispielsweise Kunst mit dem Leben zu verbinden. Auch der Technikbezug wurde nur in geringem Maße umgesetzt, aber der Musik kann sicher nicht vorgeworfen werden, dass sie sich in dieser Zeit nicht durch einen ‚hohen Innovationsgrad im Bereich der künstlerischen Mittel' ausgezeichnet hätte. Das Phänomen der Gruppenbildung kann in der Musik ebenfalls nicht bestätigt werden. Zwar könnte man die 2. Wiener Schule in diese Vorgabe pressen, jedoch würde sie nicht wirklich hineinpassen, da die Gruppenmitglieder, in diesem Fall Berg und Webern, lediglich die Idee ihres Lehrers Schönberg übernommen haben und selbst an ihrer Entwicklung keinen Anteil hatten. Außerdem hatte sich diese Schule nur auf die Zwölftonreihe bezogen und hatte wenig andere Forderungen gestellt.

Die historische Avantgarde hat in der Musik also durchaus ähnliche Formen gezeigt, wie in den anderen Künsten. In der Musik hat man ebenso aufgehört Gegenständliches darzustellen, hat Medien auf besondere Art eingesetzt, besonders auf dem Gebiet der elektronischen Tonerzeugung und hat ebenso auf den Schock-Moment gesetzt, der bis heute anhält. Zukunftsweisend war die Musik dieser Zeit also allemal. Die Romantik hat die Zukunft dahingehend gewiesen, sodass sich das entwickeln konnte, was später als ‚Impressionismus' bekannt wurde. Der Impressionismus hat die Entwicklungen der Romantik fortgeführt und eigene hinzugefügt, sodass Expressionismus und Futurismus entstehen konnten. Und Expressionismus und in geringem Umfang auch der Futurismus haben wiederum zur Bildung einer Neo-Avantgarde in den 50er und 60er Jahren des letzten Jahrhunderts maßgeblich beigetragen. An dieser Stelle kann nun wirklich von ‚Avantgarde' gesprochen werden, nicht zuletzt deshalb, weil sich die beteiligten Musiker und Komponisten explizit als solche verstanden. Die musikalischen Formen wurden weiterentwickelt und neue Formen kamen hinzu. Die Zukunft wird zeigen, wohin diese Weiterentwicklungen führen werden.

I Abbildungsverzeichnis

S. 9: Abbildung 1: Tristan-Akkord (blau), 1865: Michels, Ulrich: dtv-Atlas Musik, S. 404.

S. 18: Abbildung 2: Zwölftonreihe; Blumröder, Christoph von: „Kein Menschenwerk, sondern die Natur…", S. 11.

S. 19: Abbildung 3: Zwölftonreihe; Blumröder, Christoph von: „Kein Menschenwerk, sondern die Natur…", S. 12.

II Literaturverzeichnis

Abel, Angelika: Musikästhetik der Klassischen Moderne. Thomas Mann – Theodor W. Adorno – Arnold Schönberg. München 2003.

Baumeister, Thomas: Die Philosophie der Künste. Von Plato bis Beuys. Darmstadt 2012.

Bella-Kraus, Marcella: Musikgeschichte II. Skript zu Musikgeschichte II an BfSM Musication Nürnberg 2009.

Blumröder, Christoph von: „Kein Menschenwerk, sondern die Natur…". Anton Weberns Variationen für Klavier op. 27. In: Christoph von Blumröder (Hrsg.): Kompositorische Stationen des 20. Jahrhunderts. Münster 2004, S. 10-23.

Blumröder, Christoph von: Musikalische Avantgarde heute? In: Albrecht Riethmüller (Hrsg.): Revolution in der Musik. Kassel 1989, S. 47-54.

Gay, Peter: Die Moderne. Eine Geschichte des Aufbruchs. Frankfurt am Main 2008.

Hirsbrunner, Theo: Raum und Zeit in Maeterlincks und Debussys Pelléas et Mélisande. In: Christophvon Blumröder (Hrsg.): Kompositorische Stationen des 20. Jahrhunderts. Münster 2004, S. 1-9.

Hirsbrunner, Theo: Die Entstehungsbedingungen der Atonalität in Boulez' Erster Klaviersonate (1946). In: Christoph von Blumröder (Hrsg.): Kompositorische Stationen des 20. Jahrhunderts. Münster 2004, S. 46-56.

Hirsbrunner, Theo: Debussy, Claude Achille. In: Komponisten-Lexikon. Hrsg. von Horst Weber. 2. Aufl. Stuttgart / Weimar 2003, S. 148-153.

Kolneder, Walter: Geschichte der Musik. Ein Studien- und Prüfungshelfer. 11. Aufl. Wilhelmshaven 1982.

Kursell, Julia: Musik. In: Metzler Lexikon Avantgarde. Hrsg. von Hubert van den Berg und Walter Fähners. Stuttgart, Weimar 2009, S. 215-220.

Mayer, Günter: Zum Verständnis von politischer und musikalischer Avantgarde. In: Albrecht Riethmüller (Hrsg.): Revolution in der Musik. Kassel 1989, S. 33-37.

Metzger, Heinz-Klaus et al.: Musik der anderen Tradition. In: Heinz-Klaus Metzger u. Rainer Riehn (Hrsg.): Musik-Konzepte Sonderband. Musik der anderen Tradition. Mikrotonale Tonwelten. München 2003, S. 27-51.

38

Michels, Ulrich: dtv-Atlas Musik. Bd. 2: Musikgeschichte vom Barock bis zur Gegenwart. 13. Aufl. München 2003.

Schubert, Giselher: Schönberg, Arnold. In: Komponisten-Lexikon. Hrsg. von Horst Weber. 2. Aufl. Stuttgart / Weimar 2003, S. 548-556.

Schmidt-Burkhardt, Astrid: Futurismus. In: Metzler Lexikon Avantgarde. Hrsg. von Hubert van den Berg und Walter Fähners. Stuttgart, Weimar 2009, S. 118-120.

Schneider, Frank: Stravisky, Igor, In: Komponisten-Lexikon. Hrsg. von Horst Weber. 2. Aufl. Stuttgart, Weimar 2003, S. 614-620.

Zeller, Hans Rudolf: Komposition und Instrumentation. In: Heinz-Klaus Metzger u. Rainer Riehn (Hrsg.): Musik-Konzepte Sonderband. Musik der anderen Tradition. Mikrotonale Tonwelten. München 2003, S. 22-26.